Este cuaderno pertenece a

Printed in Poland
by Amazon Fulfillment
Poland Sp. z o.o., Wrocław

78208555R00075